Coralie Dupuis   **Pascal Rohart**

Duos confinés

et vaccinés...

Novembre 2020 – Avril 2021

Préface

Comment trouver un exutoire durant le confinement ? Comment s'ouvrir vers l'extérieur, s'ouvrir à l'autre quand on est chez soi à l'heure du couvre-feu ? Échanger par l'écriture a été la solution adoptée par Coralie et Pascal dont nous découvrons le résultat, ici même, pour ce tome 2 de Duos Confinés.

Car tout est parti d'un exercice donné au collectif de théâtre Les Armateurs, collectif qui se trouva sans possibilité d'échanger, de se voir, de jouer. Alors même que nous perdions le sens même de ce qui fait la saveur théâtrale, il a fallu nous adapter, nous transfigurer, nous réinventer.

Sébastien Lenglet, metteur en scène du collectif, nous a donné l'opportunité de créer autrement, dans un exercice d'écriture un peu particulier car il s'agissait d'écrire des scènes à distance, sans se voir, sans échanger, en dehors des textes. Imaginer des personnages et se lancer tout simplement, en attendant la réplique de l'autre, sans jamais savoir quelle direction cela prendrait.

Tous les Armateurs se sont prêtés à l'exercice. Pascal et moi-même, à quatre mains, avons trouvé dans cette écriture le moyen d'essayer, de tester des personnages, être celui ou celle que nous sommes mais aussi et surtout celui ou celle que nous ne sommes pas. De cette matière, nous avons sauté le pas de l'édition et avons sorti en décembre 2020 le premier recueil de textes Duos Confinés.

Pascal ne s'est finalement jamais arrêté d'écrire et le flambeau s'est fait avec un nouveau duo entre Pascal et Coralie. L'exercice pourrait sembler similaire mais il ne l'est pas. D'abord par son style d'écriture. Pascal et Coralie jouent avec les mots : beaux mots, bons mots, jeux de mots. Il y a de la poésie dans cette écriture. Mais ensuite et surtout, car le point de départ est somme toute assez cocasse, chaque texte, comme vous le verrez, démarre avec un titre de chanson. Une chanson comme point de départ pour mieux entendre la mélodie de chaque texte, tantôt drôle, tantôt énigmatique, tantôt sensible.

On se plaît à lire ce duo inspiré et inspirant. Et moi, en tant que Présidente du collectif Les Armateurs, je suis heureuse de voir que cette période de disette culturelle a finalement été l'opportunité d'écrire deux livres qui seront, je l'espère, très bientôt mis en scène par notre collectif.

Belle lecture,

Juliette Bonenfant
Présidente du collectif Les Armateurs

L'amour c'est comme une cigarette

Elle : L' amour c'est comme une cigarette...

Lui : Ça fait longtemps que j'ai arrêté de fumer. Et ce n'est pas toi qui va me redonner le goût du tabac frais...

Elle : T'as jamais su savourer la douceur d'une blonde, ton truc c'est de fourrer tes lèvres dans l'âcreté d'une brune... rien que de te voir ça fout la jaunisse... t'as perdu le goût, c'est tout...

Lui : Oui, j'ai perdu le goût ! Tu vois bien que tout part en fumée !? Je me sens comme un vieux mégots... fini, bon à jeter... (un temps) tu me ferais pas une petite pipe pour me remonter le moral..?

Elle : Mais mon pauvre Alphonse, si tu savais comme je te méprise aujourd'hui. Pourtant, j'aimais ta façon grivoise de m'priser le tabac. Mais ma chandelle est morte, je n'ai plus de feu. Il me semble que tu connais la suite....

Lui : Tu y mets le paquet... aucun espoir de

rallumer la flamme dans ce cas. On s'imbriquait bien pourtant, avant. Mais aujourd'hui, j'ai juste envie de te tabasser... vieille gitane !

Elle : La vieille gitane que je suis, comme tu dis, préfère maintenant la robustesse d'un fumeur de havane. Le jeu est pipé désormais entre nous. Et tu le sais. Toi, tu préfères te faire battre le briquet par la voisine... à chacun son style mon ptit Alphonse...

Lui : Espèce d'éclopée ! Pourquoi t'es encore là ? Ça fait longtemps qu'on est sevré tous les deux... on va pas se battre pour sauver quelques cendres..? Tu es sèche, tu es éteinte et tu sens le goudron...

Elle : Mou du mégot... même les cigarettes pharmaceutiques ont plus de tirage que toi. Sèche comme tu m'as rendue, je n'en deviens que plus incandescente sous des lèvres de cow-boy. Va mâchouiller ta brune dans vos relents de tabac froid.

Lui : Un pétard, il me faut un pétard... (il mime le geste du pistolet) ça fait longtemps que j'aurais dû te mettre une cartouche... sans filtre...

Elle : Dieu aussi est un fumeur de Havane, Alphonse.

(ils se regardent, miment le geste du revolver, pointent l'autre et en "cœur"...)

Pan !

Le dernier slow

Lui : Et si ce soir, on dansait le dernier slow.

Elle : Tu n'es pas sérieux !? Non, c'est trop risqué. Nous serions obligés de braver le couvre-feu... et la distanciation sociale, tu en fais quoi banane ?! Non, non, je ne prends pas de risque, c'est trop dangereux... c'est le président qui l'a dit.

Lui : Jessica s'il te plaît.

Elle : Non Kevin, n'insiste pas ! En plus, ce soir, il y a Master Chef.

Lui : Jessica, s'il te plaît. S'il te plaît Jessicaaaa. Je sais que c'est moi qui ai décidé de nous confiner chacun de notre côté mais... tu me manques, tu manques à ton coquinou.

Elle : Ohhh, grand fou ! Toi aussi tu me manques mais il faut être patient si on ne veut pas mourir. On est séparé aujourd'hui mais c'est pour mieux se retrouver demain... ou après-demain... ou après-après-demain. Enfin, tu as compris quoi... le président l'a dit, nous sommes en guerre, Kevin, c'est du sérieux.

Lui : Mais Jess, tu ne comprends pas que c'est la solitude qui me fait sombrer peu à peu dans la folie. On peut aussi mourir de solitude... et je ne pense pas qu'on pourra se retrouver dans quelques jours, je suis sûr que le confinement sera encore prolongé... je deviens fou Jessica, complètement fou... je ne me lève plus, je ne me lave plus, j'ai toujours ces pensées dans ma tête, je coule, je sombre. La guerre, elle est dans ma tête, Jessica.

Elle : Ah bah raison de plus pour ne pas se voir... tu es un fou qui pue Kevin !

Lui : Jessica... Jessy... ma Jess', tu sais bien que pour toi je me laverais de toute cette folie qui m'habite.

Elle : Mais Kevin, si on se voit, on va mourir. Tu sors, tu crèves. C'est clair. Et si tu crèves pas et que tu viens me voir et que c'est moi que je crève hein ? C'est ça que tu veux Kevin ? Tu veux me tuer pour pouvoir te laver ? T'es vraiment un égoïste Kevin.

Lui : Mourir ensemble Jessica, quitter ce monde de fou, où tout part à la dérive... sur un dernier slow ma Jess, celui que tu préfères.

Elle : Attends, j'en crois pas mes oreilles.

Ton plan c'est de sortir, choper le virus, venir me le filer, danser un slow et mourir. Tu as trop regardé le Titanic toi ! De toute façon, tu peux pas sortir, il est 21h03... assassin !

Lui : Mais je vais pas l'choper ce putain d'virus, et je peux sortir si je veux... je fais tout ce que je veux.... et c'est pas un Président qui va m'arrêter, l'épée de la dame aux clebs sur ma tête c'est pas lui.

Elle : Non, non et non Kevin, tu ne sortiras pas ! Le virus va te choper et... (un temps) bon Kevin, écoute-moi bien. Parce que là c'est du sérieux que ça rigole pas. Tu ne peux pas venir. (un temps) Je suis enceinte, Kevin. J'attends un bébé de toi et je ne veux pas prendre de risque. Kevin, tu vas être papa.

Lui : Jessica, c'est incroyable ce que tu me dis là, Jessica, Jessy, ma Jess... c'est l'ascenseur ascensionnel. Faut pas que tu sortes Jessica, faut pas, hein, c'est le Président qui l'a dit d'accord. Ah Jessica, Jessy, ma Jess... si tu n'existais pas, dis-moi pourquoi j'existerai... mon arc-en-ciel, je serai ton GI dans cette guerre, ton point break dans la vague, ta permanence téléphonique dans ce monde restreint, ton Uber eat pour le frigo... Jessica, Jessy, ma Jess, notre dernier slow c'était bon pour le monde d'avant, on est parent, c'est désormais au bal masqué que nous danserons joue contre joue.

Elle : Attends Kevin. Faut se calmer quand même. Faut pas aller trop vite, Kevin. Moi aussi, j'suis contente, hein, c'est pas ça. Tu t'imagines, la tête des copines quand j'vais leur dire ?! Et mes parents ?! Je ne crois pas qu'ils pensaient que j'serais maman à 13 ans…! Ils vont être surpris !

Vous qui passez sans me voir

Lui : Vous qui passez sans me voir.

Elle : Vous aviez l'air très concentré, je ne voulais pas vous déranger.

Lui : Pas concentré, absent. Je suis, somme toute, heureux que, enfin, vous m'ayez remarqué. Je vous observe depuis si longtemps.

Elle : Comment pouvez-vous m'observer tout en étant si profondément absent ?

Lui : La question serait : comment pouvez-vous, vous, m'observer alors que je suis si profondément absent ? Cela semble tellement invraisemblable...

Elle : Car je pensais que vous étiez concentré. D'ailleurs c'est une prouesse très remarquable de sembler si concentré alors vous étiez complètement absent. Êtes-vous prestidigitateur ?

Lui : Oh non ! J'aime beaucoup la magie. Il y a toujours quelque chose de magique dans l'existence. Le fait même d'exister, ou d'être absent, est d'ailleurs assez magique, vous ne trouvez pas ? Prestidigitateur ? La formule est cocasse et finalement pas si déplaisante. Vous êtes vous-même assez magique, envoûtante...

Elle : Monsieur, vous me faites rougir... et pourtant...

Lui : Pourtant... moi aussi je cultivais l'espoir. Depuis le temps que je vous regarde passer, inlassablement. Mais les récoltes sont balayées. Cette terre est définitivement stérile.

Elle : Oui, définitivement stérile, le mot est juste, je ne sais faire autrement... oh, mais vous n'y êtes pour rien vous savez. Seulement il n'y a pas de graine magique dans mon monde, ça n'existe pas... espoir rime avec abattoir, c'est triste mais c'est ainsi.

Lui : Et moi qui espérais que vous me redonniez un peu d'espoir ce soir. Peu importe, c'est ridicule mais je vais le dire, je vous aime.

Elle : Oh je suis désolée... ça... ça vous fait quoi de voir tous vos espoirs balayés ?

Lui : (un temps) C'est un peu brutal. J'avais imaginé un tout autre scénario au moment de ma déclaration. Ça fait longtemps que je la prépare. Le moment était peut-être mal choisi. (un temps) Avez-vous entendu ce que je viens de vous dire ou suis-je aussi inaudible qu'invisible ?

Elle : C'était vraiment une très belle déclaration. (un temps) Il faut reconnaître que tout y était : la surprise, l'intensité, la tension sexuelle même. (un temps) Oui, c'est vrai, je n'ai pas été très délicate dans ma réponse, il faut m'excuser, je ne sais pas faire cela. Je n'entends que le blizzard soufflant dans les plaines de mes peines. (un temps) Sans vouloir vous importuner, vous pouvez m'expliquer ce que vous ressentez quand vous dites "c'est un peu brutal" ?

Lui : Je n'avais pas imaginé une réaction aussi froide de votre part. J'espérais un peu plus de réciprocité ou tout au moins un léger intérêt. Le blizzard que vous entendez s'est violemment abattu sur la flamme que je vous déclarais. Les apparences sont trompeuses. Vous êtes un monstre.

Elle : Ah... ça n'a rien à voir avec vous. Je... j'essayais de comprendre... mais non je ne suis pas un monstre... enfin pas encore... pas si vite, j'espère... le blizzard c'est... enfin ce n'est pas vous... ça n'a rien à voir avec vous, c'est moi… je ne sais pas ressentir comme vous, la magie de l'existence. Exister n'a rien de magique, exister c'est même une malédiction, tout y est si lourd, si épineux. Vérifiez par vous-même, en quelques échanges un parfait inconnu, concentré mais absent, finit par me voir comme un monstre… c'est… (une lueur lui vient) comment faites-vous pour paraître si absent, ce serait une solution pour moi, je ne ferais plus que de tort à moi-même.

Lui : Si je parais si absent c'est que je ne suis rien sans vous. Ce que je veux dire c'est que je n'existe que par vous, pour vous. Sans vous, je ne suis pas. De nombreuses fois d'ailleurs, vous êtes passée sans me voir. Aujourd'hui c'était inespéré. Mais il me semble que vous m'aurez vite oublié.

Elle : Dans le fond nous nous ressemblons, vos espoirs balayés vous n'existez plus, vous saignez comme un veau, jusqu'à l'agonie de l'âme… puis plus rien, vous disparaissez dans vos tréfonds, vous devenez aussi un avril brisé. Nous marchons sans doute côte à côte dans le brouillard épais de nos terres stériles… j'aimerais tellement savoir vous dire "je t'aime" pour pouvoir enfin me voir…

Lui : Dommage que je ne sois que le fruit de

votre imagination. J'aurais tellement aimé vous rencontrer.

Laisse béton

L'un : Laisse béton !

L'autre : Eh ! Je me suis retrouvé à poil sans mes bottes ! Hors de question que je laisse tomber !

L'un : D'accord mais en attendant tu peux trouver quelque chose pour cacher le... enfin ton... enfin bref, c'est gênant, et les voisines te regardent.

L'autre : Putain mais tu m'emmerdes avec ta pudeur et tes voisines ! Tu crois pas qu'il y a plus grave que deux vieilles qui reluquent ma queue ?! Je me suis fait dépouiller mec, foutu à poil et dépouiller !! Et j'me rappelle de rien...

L'un : Ouais mais quand même, j'ai mis du temps moi mec à me refaire et à passer incognito ici, un mec bien sans histoire. Et toi t'arrives à poil, la rage à la gueule ! C'est bon, calme-toi, j'y peux rien moi si tu trempes encore dans de sales draps !

L'autre : Toi ?! Un mec bien ? Sans histoire ? C'est une blague !! Tu veux qu'on invite tes voisines ? Je vais leur raconter, moi, qui est leur voisin... alors raconte-moi ce qui s'est passé hier soir...

L'un : Je savais, je savais, je savais... grrr... mais c'est pas possible, (il tente de contenir sa colère) t'as d'la chance qu'on nous regarde, car j'ai bien envie de te foutre mon poing dans la gueule. Je savais qu'il ne fallait pas... (sonnerie de téléphone, il le regarde, se sent obligé de décrocher) oui allô... bonjour Mme Berthe... oui, oui, tout va bien... nu ?! Euh oui, en effet, il est nu... non non, n'appelez pas la police... non non, ne vous inquiétez pas... oui... pour moi... non non, ça va aller... partir... sans doute... je vais gérer... oui, il va partir... bien sûr, c'est normal Mme Berthe... euh, un cousin, c'est un cousin... la famille, vous savez parfois... oui... bon, pas la police... d'accord... oui... je comprends... non, ne pleurez pas... en quelques minutes... oui oui, je raccroche Mme Berthe, je vous laisse... oui au... au revoir Mme Berthe. (il raccroche) T'es content ? C'est ce que tu voulais hein ?! Tu ne peux pas t'empêcher hein ?! Et cache-moi cette queue bordel !!!

L'autre : Mais quoi ?!? J'te jure, j'me rappelle de rien... prête-moi un truc au moins, que j'reste pas comme un con-cul-nu... j'ai vraiment déconné ? (un temps) C'est cette fille ? C'est cette fille qui m'a piégé ?

L'un : (il enlève sa veste et la lui tend) Tiens ! (l'autre enfile la veste) Mais non pas là, autour de la taille ! J'en sais rien moi, pourquoi tu apparais à poil. Je sais juste que t'es réapparu comme un furoncle hier soir au bout de 5 ans d'absence, que t'as tapé l'incruste chez moi, que t'étais déjà dans un sale état, odieux avec les invités et que la seule fille c'était Mamie Roger, la doyenne du quartier qui a juste apporté une part de gâteau. Puis tu t'es barré comme un débile après avoir insulté Laurent avec qui tu n'étais pas d'accord sur je sais pas trop quoi. (le téléphone sonne, il le regarde et se sent obligé de répondre) Ah Mme Roger.... euh oui Mamie Roger... oui très bien, très bon... il ne fallait pas... pardon ? Mon ami ? Faire des roues dans votre jardin ? Dans le plus simple appareil... pardon !? Ah... euh oui oui, tout va bien... oui revenu à la raison... tout à fait... avec plaisir... vous de même Mme Roger... au revoir... euh oui, Mamie Roger pardon, au revoir Mamie Roger. (il raccroche) Mamie Roger, c'était Mamie Roger ! Elle t'a vu dans son jardin en pleine nuit faire des roues dans le plus simple appareil. Elle n'a pas trouvé ça déplaisant, à son âge... elle te prépare une part de gâteau pour que tu puisses reprendre des forces ! Non mais sérieux !? T'as tapé dans la blanche ? T'es venu chercher quoi chez moi ?!

L'autre : Des explications putain ! Faut que tu m'aides à comprendre où sont passées mes bottes. J'ai plus rien, plus que toi... oui, ça fait longtemps et j'ai pas eu le temps de t'expliquer pourquoi je suis revenu... cinq ans, c'est passé tellement vite... et je me retrouve à poil devant toi...

L'un : Ça vire à l'obsession tes bottes ! Toi et moi, on n'a plus de souci d'argent, des bottes tu t'en rachèteras ! J'ai aucune explication à te donner. Nada, rien et tu sais quoi, j'm'en branle ! Je veux que tu dégages, ne plus te voir, plus jamais. (le téléphone sonne, il regarde et se sent obligé de répondre) Allô Laurent, ça va ? Ah... oui je me doute... tout à fait... un pot de pus en effet... oui... je suis désolé... oui mais c'était pas prévu... en colère ? Oui oui, je comprends bien ... quoi !? Vous l'avez aperçu cul nu dans la mare du voisin ? Vous êtes sûr que c'était lui ? En effet un pot de pus... oui bien sûr, je ferai ce qu'il faudra... au revoir Laurent. (il raccroche) Cul nu à barboter ? Des explications ? Mais t'as dû péter un boulon mon gars, tu t'es pris pour une libellule bleue ? Un elfe bucolique ? Fais le tour des jardins tu trouveras tes bottes ! Maintenant tu dégages, bientôt tout le quartier va m'appeler, va se poser des questions... toi et moi on a risqué très gros il y a cinq ans. Je te tue si tu fais capoter ma couverture, tu piges, mec !

L'autre : Tu parles d'une couverture... le bon voisin... le lambda, le personne... tu crois que tu as disparu ? Comment tu crois que je t'ai retrouvé ? Je passe plus inaperçu à poil dans la mare de ta voisine que toi dans ce quartier bourgeois minable. Alors ta capote et ta couverture, laisse-moi rire. C'est pas ce qui t'a mis à l'abri tout ce temps. Et c'est pour ça que je suis là mec. Ouvre les yeux, t'es à l'abri de rien. Mais avant que je te dise pourquoi je suis revenu, faut qu'on retrouve mes bottes.

L'un : T'essaye de me faire peur ?

L'autre : Peur ? Pourquoi tu as quelque-chose à te reprocher, monsieur le gentil voisin ?

L'un : J'ai envie de te fracasser.

L'autre : Et si j'étais venu pour t'aider cette fois ? Réfléchis un peu avant de me mettre une déculottée...

L'un : (silence, la tension monte, le téléphone sonne, il le regarde et décroche, irrité) Mme Roger... euh oui, Mamie Roger... écoutez Mamie je passerai chercher vos gâteaux après... ah pas pour ça... pardon ? Déposé des bottes pour mon ami ? De gentils Messieurs... bien courtois... un message... pour nous... "quand tu te retrouves à poil sans tes bottes faut avoir de l'imagination pour trouver une chute rigolote..." (il blêmit, silence) oui oui, je suis toujours là... merci Mamie Roger, je, je dois raccrocher... oui... oui... part de gâteaux... d'accord... au revoir... (il raccroche. Silence).

L'autre : On a retrouvé mes bottes !?

L'un : On nous a retrouvés !

On n'est pas là pour se faire engueuler

Gaston : On n'est pas là pour se faire engueuler.

Julot : T'as pris mon vieux !

Gaston : Oh la la oui, elle y est pas allée d'main morte ma Germaine. Elle, qui ferait pas de mal à une mouche d'habitude, je me demande laquelle l'a piquée...?

Julot : La ménopause peut-être mon vieux. Elle a beau être une force de la nature la Germaine, mais avoir eu encore des gosses après la cinquantaine, avoue c'est pas commun ?

Gaston : Oh je lui avais rien demandé à la Germaine ! C'est pas une famille qu'on a, c'est un élevage... pas d'ma faute si elle pond des gosses comme l'Jésus il multipliait les pains... remarque elle est pas mal non plus pour multiplier les pains... peau d'vache va !

Julot : T'as raison Gaston, des sacrées peaux d'vaches quand même ces bonnes femmes. Moi la Gertrude quand elle avait ses lunes, sacré non di diou, j'devenais l'Cosette des Thénardier. Elle m'engueulait comme du poisson pourri et après elle pleurait des heures. Va comprendre, complètement zinzin c'te bonne femme.

Gaston : Mais c'est ça mon Julot, t'as tout compris... les bonnes femmes, c'est des loups-garous ! Elles se transforment à chaque changement de lune. Sauf qu'elles sont trop vicieuses pour que ça s'voit qu'elles sont des loups, alors elles gardent leur aspect de tous les jours et c'est là-dedans qu'ça s'passe... et que j't'engueule, et que j'te fais chier, et que tu vas déguerpir de ma cuisine et tout l'bazar... et que moi, j'en peux plus d'm'en prendre plein l'bifteck, que j'en ai ras la soupière de son cinéma à la Germaine. Alors, je vais mettre un gilet jaune et j'vais lui foutre le bordel jusqu'à ce qu'elle écoute mes revendications !

Julot : T'as bien raison, à nous les barricades, la chienlit, c'est elles ! Nous pauvres bougres, on est juste bon à trimer, et quand on s'installe pépère pour se prendre cinq minutes, on se prend une mitraillette de reproches. Ma grosse, elle est devenue une affranchie hystérique depuis qu'elle est dans le conseil municipal. Elle m'a volé dans les plumes comme ça sans comprendre quand elle est rentrée de chez l'coiffeur. Je lui ai dit c'que t'es bonne ma pupute et depuis, j'ai une dent qui bouge.

Gaston: Ohhh, mais ça, c'est de la pure violence policée ! Mais quel culot mon Julot, faudrait tâcher à lui rappeler qui porte la culotte nom d'une pipe ! Dis-donc, ce serait pas de l'abus de pouvoir, ou comme dirait l'autre un détournement de l'autorité pudique ?

Julot : Ah mon Gaston, figure-toi que je lui ai dit de se souvenir qui tient la culotte ! Tu sais ce qu'elle m'a répondu la drôlesse ?!! Qu'elle était la ceinture qui tenait mon pantalon.

Gaston : Moi je dis, ça suffit ! Je déclare la guerre ouverte. Je fais une grève de la faim et je monte une barricade entre chez elle et chez moi : elle la cuisine, moi le salon, chacun chez soi. Demain, je fais un appel à la grève générale des hommes malmenés par leur bonne femme. On crée un parti... le... la... la SMCF : la Société Mâle Contre les Femmes. On se regroupe, on arrête de se faire engueuler et on reprend le pouvoir ! Yes, huit cannettes !!

Julot : T'as raison mon Gaston ! Qui va faire

la vaisselle ? Nous, on fait la révolution ! (il regarde au loin puis soudain changement de ton). Gaston, v'là ma grosse qui rentre...

Gaston : A toi de jouer, vas-y, montre-lui qui c'est l'homme !

Julot : (il se ragaillardit, prend des expressions de méchant, se racle la gorge, crache, fait son bonhomme, regarde au loin sa femme) Allez allez, sors de ta voiture, tu vas voir c'est qui le chef, à coup de ceinturon si tu fais ta rebelle !!!! Ça y est, elle sort. Ouais, c'est ça, vieux chameau, décharge tes marchandises du grand coffre... les chiens aboient... la caravane passe... mon désert c'est toi... et tu baiseras les pieds de ton émir ! (changement de ton) Vindieu, ma drôle, elle a une hache à la main !!!

Gaston : Viens mon Julot, c'est la guerre ! Viens mon Julot ! On va monter une barricade chez toi, on fait le siège jusqu'à ce qu'elles capitulent ces salopes !! Viens Julot, on organise la résistance !!

Julot : Viens mon Julot, viens mon Julot... t'as jamais vu la Gertrude manier la hache... tout l'canton la demande pour tuer l'dindon de Noël. D'abord, elle leur parle avec douceur pour pas stresser l'animal et... schlack ! Elle décapite sa proie. Je veux pas finir comme ça moi Julot. J'la vois bien moi m'offrir ses douceurs et sans que je m'y attende, shlack, finir cul nu sans tête.

Gaston : Mais tu serais pas en train de te dégonfler ! Mais Julot, t'es pas un dindon, t'es une poule mouillée !! Allez, Julot, bombe le torse, montre-zi que t'as des couilles à ta hacheuse ! Allez Julot, tu peux pas lâcher les camarades, c'est la révolution, pense à tous ceux qui sont tombés au front... Julot !

Julot : t'as raison, suis pas une tapette ! Elle va voir c'est qui l'chef c'te grosse suffragette !

(Julot se dirige vers sa femme. Gaston l'observe au loin. À sa mine, on comprend que Julot prend un savon. Il revient chargé d'un sac de pomme de terre).

Gaston : Pfiou t'as pris mon vieux!

Julot : C'est Stalone c'te bonne femme... elle a vu Germaine, paraît qu'elle est furax. T'as coupé l'bois comme un sagouin et t'as laissé traîner ta hache. Le petit dernier a joué avec, déjà qu'il est pas futé... il a joué aux indiens avec sa sœur jumelle, elle a failli y rester...

faut que tu rentres sur le champs et que c'te fois-ci, t'oublies pas de rentrer les poules et d'passer chez Francis récupérer l'boudin. Allez mon Gaston, le devoir t'appelle. Bombe le torse, montre-zi que t'as des couilles à ta chieuse de boudins !

Gaston : Quand même... on n'est pas là pour se faire engueuler...

Come prima

Lui : Come prima, tu me donnes tant de joie.

Elle : Comme j'en suis privée, si tu pouvais m'en rendre un peu…

Lui : Ça a été si rare dans ma vie. Je me rends compte à présent à quel point c'est précieux. Merci mon amour. Je t'aime.

Elle : C'est précieux et rare, effectivement. Mais tu pourrais la partager un peu non… je serais heureuse si tu pouvais partager un peu de cette joie que je te donne… allez bébé, donne-moi de la joie… tout ce que j'avais de joie, je te l'ai donnée. Give-me more Baby, give-me more…

Lui : Pourquoi tu me fais culpabiliser comme ça ? Tu devrais la garder si ça te coûte tant de la donner.

Elle : Je ne veux pas la garder. Je veux la partager avec toi entièrement. Mais je veux plus de joie, plus de rire, plus de folie. Tu sembles parfois si absent. Si peu présent pour moi. Je me sens si seule, même quand tu es là. Donne-moi autant que je te donne. Équilibre-nous.

Lui : (soupir) On ne va pas recommencer encore cette éternelle conversation. Je suis là, je t'aime, on passe du temps ensemble, on a des projets ensemble, que veux-tu de plus ? Je ne vois pas ce que je peux faire de plus pour te combler, je suis au maximum de ce qui m'est possible d'offrir, je ne peux te donner ce que je n'ai pas, ce que je ne suis pas.

Elle : Mais tu comprends pas que je veux être tout pour toi. Je veux être dans ton cœur, dans ta tête, dans tes bras, dans tes pattes tout le temps et quel que soit le temps, qu'il neige, qu'il pleuve, que le soleil brille, je m'en fous, je veux être en toi, je veux être toi et rien que toi.

Lui : Non mais ça va pas... tu veux peut-être aussi m'arracher la langue quand on s'embrasse pour la faire tienne ?! C'est du cannibalisme, t'es une Hannibal Lecter de l'amour !

Elle : Humm, tu me donnes faim mon cochon. Je vais te bouffer, t'engloutir pour t'avoir à moi, en moi. Ne plus être moi mais être nous. Corps et âme, ad vitam æternam.

(elle disparaît, puis revient avec un long couteau)

Lui : Qu'est ce que... Dolorès qu'est ce que... tu me fais marcher c'est ça ? C'était pour rire Hannibal Lecter... je... tu... tu me fais peur là, Dolorès !

Elle : Viens, n'aies pas peur... nous serons à jamais unis, tout l'un pour l'autre, l'un dans l'autre, jamais l'un sans l'autre. Je mangerai ton cœur, ton souffle, tes pensées, tes souvenirs, tes yeux, ta langue, ton sexe... ton sexe en moi, toujours. Un orgasme permanent, incessant jusqu'à ma mort, notre mort. Viens, viens en moi.

Lui : Dolorès... je... je ne te reconnais plus,

ni dans tes mots ni dans ton regard... (silence) Dolorès, non, ne me dis pas que tu as arrêté ton traitement, s'il te plaît, ne me dis pas ça ? Pas après ce qu'on a traversé, pas après ta promesse ?

Elle : Je t'ai promis de t'aimer à la vie, à la mort... je vais juste inverser un peu l'ordre des choses...

Lui : Tes mains Dolorès... tes mains tremblent... (essayant de faire revenir Dolorès à la raison) personne ne t'aime aussi bien que moi Dolorès.. comme avant, plus qu'avant, je t'aimerai pour la vie... Dolorès dis-moi, tu as arrêté les médicaments ? Réponds-moi !

Elle : Oui mes mains tremblent, elles sont excitées, elles ont envie de t'étriper pour prendre le meilleur de toi. J'en ai des frissons. Je suis hyper excitée, je vais te dévorer mon amour. Tu seras mon médicament, mon dernier remède, mon élixir d'amour. Ton sang, mon sang, à jamais mêlés !

(elle s'avance lentement en levant son

couteau)

Je t'aime !

Lui : Dolorès, mon amour, écoute ma voix ! Moi, ton phare dans les ténèbres comme tu disais. Dolorès mon amour, tu n'es plus toi, écoute ma voix... lâche le couteau, lâche-le... laisse-moi t'apporter tes tranquillisants... on sera pour toujours à deux dans cette vie, je t'en fais la promesse. Toi et moi... je t'apporterai de la joie, je le ferai, plus de joie, plus de rire, plus de folie... tu as raison, je me suis laissé aller à la médiocrité... toi et moi à jamais dans cette vie...

Elle : Non Baby, il est trop tard à présent... tu as déjà commencé à t'incarner en moi... une partie de toi est entrée en moi, une partie de toi grandit en moi... il est trop tard maintenant...

Lui : Mais Dolorès, qu'est-ce que tu racontes ?

Elle : Maintenant je vais engloutir le reste

Baby... laisse-moi faire... viens, morceau par morceau, puis tout entier, tout en moi... toi, moi, nous... ne faire qu'un... viens, viens Baby, toi qui as déjà commencé à te glisser dans mes entrailles pour grandir en moi...

Lui : Dolorès... tu es enceinte...?

Elle : Oui, Baby, le processus a commencé... tu as commencé à t'immiscer en moi... regarde, regarde Baby... je vais te montrer... l'incarnation de notre amour...

(elle oriente le couteau vers son ventre, il tente de l'en empêcher. Dans la bousculade, elle finit par lui planter le couteau dans le cœur, il s'écroule)

Elle : Oh Baby, attends... ne ferme pas les yeux... je vais te montrer ton enfant...

(elle reprend le couteau, se le plante dans le ventre, hurle et s'écroule)

Zobi la mouche

Elle : Zobi la mouche.

Lui : Splendide, absolument splendide !

Elle : Et encore vous n'avez pas tout vu... attention... Zooooooobiiiiiiiiiiiiiiii (les deux suivent des yeux le mouvement de la mouche)

Lui : Oh, ex-tra-or-di-naire ! Elle vole !

Elle : Zobiiiii ! (il utilise son doigt comme perchoir. Zobi se pose) Bravo mon Zobi, tu es magnifique, formidable, repose-toi maintenant. (il suit sa mouche des yeux qui se pose désormais sur son épaule) Vous n'en revenez pas n'est-ce pas ? Zobi a été abandonné peu de temps après sa naissance, ses parents sont morts éclatés contre un mur, le choc a été brutal, sans appel... Zobi a tout vu...

Lui : Oh comme c'est triste... et horrible... vous avez été très brave de recueillir cette larve. Oh, comme il devait être mignon ce petit Zobi en forme d'asticot...

Elle : Les premiers temps furent très compliqués... très, très compliqués. Il avait une idée fixe voyez-vous, se suicider, en finir la gueule écorchée sur un hameçon... il a fallu beaucoup d'amour et de patience pour qu'il reprenne confiance en lui. (s'adressant à sa mouche) Mais maintenant mon Zob est vaillant.

Lui : Il a effectivement l'air vif. Comment l'avez-vous dressé ?

Elle : En le caressant souvent... il fallait recréer un lien d'attachement, remplacer la figure parentale, retrouver la sécurité affective pour le développement et donc la domestication...

Lui : Ouah, je suis... si je puis me permettre l'expression, sur le cul ! Est-ce que je peux le caresser moi aussi ? Il est si attendrissant...

Elle : Non, il n'aime plus ça, sa période nymphale est terminée. Mais il peut venir sur votre perchoir si vous êtes d'accord. Levez votre doigt. Zobiiii ! (ensemble ils suivent les zig zag de la mouche qui termine sa course sur le doigt de l'autre)

Lui : Quelle grâce ! (il l'approche de ses yeux et s'attendrit) Oh, qu'il est beau votre Zobi, il a le poil soyeux et entretenu, mais il n'est pas bien gros, avec quoi l'alimentez-vous ?

Elle : (légèrement piqué) Qu'insinuez-vous ? Qu'il est mal nourri ?

Lui : Oh non, ce n'est pas ça... il ne semble pas famélique mais il n'est pas très, comment dire... viril... si vous voyez ce que je veux dire...

Elle : (la mouche le charge, il tente de s'en dégager par de grands mouvements) Non pas vraiment, je ne vois pas ce que vous voulez dire, et Zobi non plus d'ailleurs !

Lui : Mais, mais faites quelque-chose ! Ne restez pas là à gober les mouches ! Il est très agressif votre Zobi ! Mais arrête sale bête, bouffeuse de merde !

Elle : (la mouche s'excite de plus belle sur lui, sa maîtresse tente de calmer les choses) Il a pris la mouche par votre manque de tact, il est très susceptible vous savez. Et votre manque d'intelligence n'arrange en rien les choses ! (elle prend des allures de dompteur) Zobi, tout doux mon beau, tout doux. Vous, arrêtez vos gestes stupides et ne bougez plus ! Voilà mon beau, bien, tranquille, bien, voilà, sage ! Vous, restez tranquille, il se calme sur votre crâne dégarni. Il adore l'odeur des cellules mortes et des bactéries. Ça l'apaise.

Lui : Il me chatouille ! Votre Zobi me chatouille et j'ai du mal à rester calme. Pourquoi vous ne le récupérez pas dans votre grosse touffe ? Je suis sûr qu'il y a beaucoup d'odeurs et de choses à manger là-dedans.

Elle : Vous êtes un grossier personnage Monsieur ! Ça je tenais à vous le dire. Ceci dit, on n'attrape pas les mouches avec du vinaigre. Je ne peux pas récupérer Zobi comme je veux quand il se shoote à ce point de crasse et de putréfaction. Soyez juste patient, ce n'est pas non plus une suceuse de sang. Il ne crâne pas, il est juste stone.

Lui : Oh eh, y'en a marre, on est quand même pas là pour enculer les mouches ! Vous m'emmerdez avec votre Zobi !

(il se tape violemment sur la tête, tuant la mouche qui reste collée sur sa main)

Oh beurk !

(un grand silence, on entend une mouche voler).

Avant de nous dire adieu

Lui : Avant de nous dire adieu.

Elle : Alors on en est là nous deux.

Lui : On a passé un bon moment mais on ne va quand même pas passer Noël ensemble. Quand il faut y aller, il faut y aller !

Elle : Et dire que j'avais dessiné ton doux visage sur le sable...

Lui : Ah oui ? Tu devais avoir les yeux dans l'eau, mais ton rêve était trop beau. Ça pique l'eau salée, c'est pour ça que tu pleures ce matin.

Elle : J'balancerais bien mon porc tiens !

Lui : Mais qu'est qui te prend ? Hier, on s'est aimé, pourquoi tu veux tout gâcher ?

Elle : Tu plaisantes, c'est toi qui me largues, juste avant les fêtes en plus... c'est clair que le père Noël est vraiment une ordure.

Lui : Le père Noël c'est sûr, c'est un gros dégueulasse. Mais moi, non. Je ne te largue pas, je te laisse ton envol. Fais comme l'oiseau ! Ça vit d'air pur et d'eau fraîche un oiseau.

Elle : C'est une façon de te gracier pour aller voir les p'tites femmes de Pigalle, d'aller effeuiller les fleurs du mal ? Tu étais cigale et tu préfères rester cigale... gros cochon !

Lui : Oh, voilà ! Des insultes. C'est comme ça que tu me remercies ? Mais, bon dieu, envole-toi, loin de cette fatalité qui colle à ta peau ! Je te laisse la liberté, ça n'a aucune valeur pour toi ? Tu aurais préféré que je t'en prive ? Que je fasse de toi, mon objet, ma muse... ma femme ? Que tu ne sois qu'à moi ? Que je t'enferme dans une vie avec moi comme seul horizon...? Non, non. On se connait à peine, mais je t'aime déjà trop pour t'infliger ça. Tu mérites mieux. Tu es encore si jeune, si belle, si fraîche et innocente. Tu as tellement à découvrir. Va, un jour tu me remercieras.

Elle : Mais non... pourquoi...? Je suis si bien avec toi. Parce que tu es là, parce que c'est toi, je n'ai plus peur du dimanche soir. Et toi, de quoi as-tu peur ? (silence triste) Pourquoi m'infliger ça ? C'est pas ce que tout le monde cherche ici bas ? L'amour... aimer... parfois mal... souvent mal... c'est toute l'histoire de ma vie ça... le mal amour, tous ces gens qui comptent et finissent par me quitter, partir, me laisser.... sans valeur... dans le doute... la confusion. (un temps) Mais le monde est si vaste qu'il nous faut le découvrir à deux. Ne pars pas, fais-moi une place au fond de ton cœur, pour m'embrasser lorsque je pleure.

Lui : Mais c'est de la pure folie ! C'est vraiment ce que tu veux ? Devenir l'ombre de mon ombre... l'ombre de ma main... l'ombre de mon chien ? Ne penses-tu pas que tu mérites mieux ? Le monde est vaste oui ! Pourquoi s'entêter à le réduire à... à quoi d'ailleurs ? Que pourrais-je te proposer que le monde ne saurait t'offrir ?

Elle : Comme tu es triste dans le fond... comme je suis triste dans le fond... alors pars mais ne te retourne pas. Avant de nous dire adieu, sache que je ne peux pas tout te pardonner.

Lui : Ce sont certainement les plus compliqués, ces adieux qui quelquefois se passent un peu trop bien. Merci, ces quelques pleurs me sont chers. Adieu.

(un temps, en off) Coriace, celle-là...

Gaston y'a le téléphon qui son

Elle : Gaston y'a l'téléphon qui son et y'a jamais personne qui y répond !

Lui : (silence)

Elle : Psst, psst, Gaston, Gaston... je suis là. Tu réponds pas à mes appels, alors je suis venue...

Lui : Mais... mais tu es complètement folle ?!

Elle : Oui et alors... je vais pas changer à mon âge.

Lui : A ton âge... tu n'avais nulle part où aller ?

Elle : Non mais Gaston arrête, à nos âges, on en a vu d'autres.

Lui : A mon âge, j'aimerais en voir d'autres... qu'est-ce-que tu fais là ?

Elle : Ça fait 5 semaines que je confine comme un vieil oignon. J'en peux plus Gaston...

Lui : Ah, c'est ça, l'odeur... tu espères quoi ici ?

Elle : (rires) Ben ça. Rire, me sentir piquée,

faire le mur. Ressentir des choses. J'en peux plus Gaston d'être seule. Une vieille chouette atrophiée... c'est comme ça que je me vis.

Lui : Mais rassure-toi... c'est ce que tu es... (un temps) alors, pourquoi la vieille chouette vient se réfugier ici ?

Elle : On peut pas dire que tu aies changé après toutes ces années. Droit dans tes bottes, raide comme la justice. Ton passé militaire sans doute... dis, Gaston, tu m'en veux toujours ?

Lui : Droit dans mes bottes... c'est ce qui m'a permis de tenir...

Elle: (silence) Tu n'as pas répondu à ma question Gaston...

Lui : Si je t'en veux...? Pourquoi t'en vouloir... on est passé à côté l'un de l'autre... c'est comme ça... c'est notre histoire...

Elle : Parce que moi je t'en veux tu sais.

Lui : Pourquoi m'en vouloir ? Ni toi ni moi ne sommes responsables... nous avons été victimes d'un... mauvais timing...

Elle : J'ai attendu presque toute une vie. Tu vois Gaston, à mon âge, seule à la maison, pendant que les autres vieux comme nous tombent comme des mouches, je repasse toute ma vie en boucle. Et ce matin, en me levant, je me suis dit que, quitte à tomber aussi, fallait que je te le dise. Je t'en veux... je t'en veux pour tout ce que tu n'as pas fait... je t'en veux pour tout ce qu'on a raté... je t'en veux pour tout ce que je n'ai pas pu vivre à tes côtés. (un temps) Voilà c'est dit. Je peux rentrer maintenant.

Lui : Non, reste... s'il te plaît... on était coincé... tous les deux, chacun de notre côté... l'un à côté de l'autre... assez proches pour vivre une vie sans être trop éloignés l'un de l'autre mais... trop éloignés, toujours trop éloignés... et toujours trop attirés...

(long silence, ils se regardent)

Elle : Au revoir Gaston.

Laissons entrer le soleil

Elle : (pour elle-même, comme pour se rassurer) Laissons entrer le soleil. Laissons entrer le soleil. Laissons entrer le soleil...

Lui : C'est pas gagné...

Elle : Vous m'avez fait peur.

Lui : Oh, excusez-moi, je ne vous avais pas vu... vous aussi, vous m'avez fait peur... excusez-moi encore, que faites-vous ici ? Comment êtes-vous entrée ?

Elle : Oh pardon je ne voulais pas vous faire peur. Je suis entrée comme vous. A moins qu'il existe plusieurs entrées !? Non ce n'est pas possible ça... si ? Et vous, vous venez faire quoi ? Comme moi j'imagine...

Lui : Je ne sais pas ce que vous faites ici... mais il ne faut pas rester... ce n'est pas un endroit pour une personne comme vous...

Elle : C'est à dire?

Lui : Ah mais... c'est que vous n'êtes pas le genre de... personnes... qu'on retrouve... ici... (un temps) ça n'est pas très... argumenté, je sais... mais... croyez-moi... quittez ces lieux... votre place n'est pas ici... pas encore...

Elle : Pas encore ? Vous m'intriguez... mais je suis venue pour une raison bien précise et vu les risques pris, maintenant que j'y suis, j'y reste !

Lui : Ah... parce que vous êtes venue volontairement ici...? Je vois... mais vous savez où vous êtes ?

Elle : Bien sûr. Vous non ?

Lui : Si... justement... mais pour moi, c'est devenu normal... depuis le temps... pour moi, c'est un lieu commun, un état... comment dire...? Permanent...

Elle : Ah bon !? C'est... effrayant en effet... vous n'êtes peut-être pas très solide dans le fond. Souvent les situations de crise, comme la nôtre actuellement, révèlent des fragilités... petites ou grosses. Dans votre cas, j'ai bien peur qu'elles soient... vous voyez... importantes. Je suis vraiment désolée pour vous... ne vous inquiétez pas pour moi. Ça va aller.

Lui : Cette fragilité... ces failles... font partie de mon sacerdoce... le pire est déjà arrivé me concernant... (un temps, méditatif) mais vous... je ne comprends pas... vous avez l'air si... fraîche, si... vivante... que cherchez-vous ici ?

Elle : J'avais besoin de changer d'air.

Lui : Non, non... pas ici... il n'y a pas d'air ici...

Elle : Je pense que nous n'allons sans doute pas prendre le même chemin.

Lui : Sincèrement, je vous le souhaite... même si à terme... mais ne parlons pas de ça... dans d'autres circonstances, j'aurais été ravi de vous rencontrer... je pense que vous connaissez la sortie ?

Elle : A vrai dire je n'y ai pas encore songé... mais ça ne doit pas être trop compliqué. On sort comme on entre, non ? Enfin j'espère... c'est nouveau tout ça pour moi. (un temps) Vous ne voulez pas m'accompagner ?

Lui : Je peux vous montrer le chemin. (un temps) Êtes-vous sûre de pouvoir sortir ? Excusez-moi de vous poser cette question mais les apparences sont parfois trompeuses... il fait si sombre ici...

Elle : Qu'entendez-vous par les apparences sont souvent trompeuses ? Excusez-moi, mais j'ai l'impression que vous me mettez en garde contre quelque chose, sans réellement me dire de quoi il s'agit... c'est assez désagréable...

Lui : Oh, excusez-moi... je ne voulais pas vous mettre mal à l'aise... je m'inquiétais pour vous... je ne sais rien de ce qui se passerait si vous tentiez de sortir alors que cela nous est impossible... je ne voudrais pas qu'il vous arrive malheur...

Elle : Vous voulez m'effrayer ? En fait c'est ça, c'est un petit jeu ? Comme ça vous préservez ce petit coin. Eh bien non ! Ça ne marche pas. Ça fait des semaines et des mois que le confinement est en place. Je n'en peux plus du déplacement bref dans la limite d'une heure dans un rayon maximal de X kilomètres autour du domicile. J'ai pris ce risque de contrer le couvre-feu. On vit dans une époque à risque dont on ne connaît pas l'issue. Ça ne changera donc pas grand chose. Je vais donc aller chercher ce dont j'ai besoin... un bout de liberté !

Lui : Je ne sais rien de ce que vous me dites... à ce que je comprends, il semblerait que ce soit la guerre dehors... ça me paraît si loin... le monde a vraiment dû tourner très mal pour que vous ne vous sentiez plus en sécurité, et plus libre, ici...

Elle : La guerre ? Non. On aimerait nous faire penser ça. C'est plus commode... si le monde a mal tourné ? J'en ai bien peur. Mais il reste beau encore un peu vous savez. Les invisibles le rendent encore beau... (silence) j'ai un peu honte de vous avouer que je ne fais pas partie des invisibles, je n'ai rien fait pour le rendre encore beau le monde... (silence) mais vous ? Je ne comprends pas ? Je ne comprends pas vos énigmes. Qui êtes vous pour avoir oublié le monde ?

Lui : Oh moi ? Ça n'a pas d'importance... une sorte d'invisible... même si je ne vois pas ce que cela représente à vos yeux... je suis désolé de sembler si énigmatique mais je pense qu'il y a des choses que vous ne pouvez pas comprendre... il me semble que, parfois, il est préférable de ne pas tout savoir, tout déchiffrer... nous avons tous besoin d'un peu de rêve, de magie, de mystère... c'est ce qui nous permet de nous échapper... voilà pourquoi vous êtes ici.

Elle : Oui, c'est vrai vous avez raison. Je suis ici pour m'échapper... au monde et... à moi-même aussi... je pense...

Lui : C'est à ça que servent les rêves non ?

Mathilde est revenue

Elle : Mathilde est revenue.

Lui : Elle sait que je suis là ?

Elle : Oui.

Lui : (silence) Tu lui as parlé ?

Elle : Je l'ai croisée en sortant de chez Fabienne.

Lui : Et tu lui as dit que je serais ici, avec toi ?

Elle : On s'est juste échangé des banalités. Elle n'était pas seule. Je crois que c'était son nouveau compagnon, il se tenait la main...

Lui : Ça j'm'en fous ! C'est pas pour me présenter son nouveau mec qu'elle est revenue...

Elle : Elle avait de l'allure, ce n'est plus la Mathilde que j'ai connue. Elle revient au village dignement après toutes ces années.

Lui : Dignement !? Tu as la mémoire courte

il me semble... elle est responsable de tout ce qui est arrivé. Elle mérite d'être punie.

Elle : Oh non, non, elle ne mérite pas d'être punie. Je ne suis pas d'accord. J'ai beau être ta sœur, mais là non, c'est pas possible je ne peux pas entendre ça... (silence) tu te souviens de ce soir-là ? Moi je m'en souviens... ce n'était pas qu'une simple dispute de fin de soirée.

Lui : Pourquoi tu la défends ?

Elle : (elle se frotte le visage et soupire) Écoute, j'ai pas envie de parler de ça avec toi, restons-en là. Je voulais juste te dire que Mathilde était revenue...

Lui : Je suis ton frère, elle, elle n'est rien pour toi.

Elle : C'était Mathilde. Je l'aimais bien Mathilde. Pour une fois qu'il t'arrivait quelque-chose de bien dans ta vie. Quand je l'ai vue tout à l'heure, mon sang s'est glacé... je n'arrive pas à comprendre pourquoi. Tout ça, c'est remonté à la surface. Et moi je suis là avec toi, alors que...

Lui : Alors que... quoi ? Dis-moi, je suis perdu...

Elle : Alors que je n'aurais pas dû être là pour toi. La fameuse loyauté familiale... mais dans le fond, je n'étais pas dupe. Comment j'ai pu accepter de t'aider, de te soutenir alors que je haïssais ce que tu avais mis en lumière auprès d'elle.

Lui : Mais... j'ai toujours cru que...

Elle : Cru quoi ?

Lui : Mais... mais... qu'au moins toi... toi... tu avais compris...

Elle : Compris quoi ?

Lui : Ce que je veux dire, c'est... ce que tu ne sais pas... ce que je n'ai jamais dit à personne, même pas à toi frangine, c'est que Mathilde... me trompait... (un temps) tu sais comme je l'aimais. J'en étais dingue. Je lui aurais tout donné. Quand j'ai découvert ça, ça m'a détruit. Je voulais tout détruire et... c'est ce que j'ai fait.

Elle : Dingue, oui en effet tu étais complètement dingue. Tu te nourrissais de son amour à ses dépens. Tu faisais la pluie et le beau temps dans son cœur : tes silences mutiques, tes perfides vexations, le don que tu avais de la rendre coupable de ses bonnes intentions... et puis la réchauffer d'un compliment juste pour reprendre du plaisir à sentir son sang se glacer sous ton regard... te tromper ? Ah ça, ça t'arrangerait bien hein ! Mais mon pauvre, tu étais si fou que jamais elle aurait pris le risque de te tromper... mais tu as raison, Mathilde est revenue et c'est sûrement pas pour te présenter son nouveau mec... (on sonne à la porte, lui et elle se regardent)

Lui : Ben, va ouvrir ! (elle se dirige vers la porte, puis revient avec un courrier)

Elle : Un gamin vient d'apporter ça, c'est pour toi, y'a ton nom sur l'enveloppe.

Lui : Qu'est ce que c'est que cette histoire ! Regarde s'il te plaît !

Elle : T'es sûr?

Lui : (perdant patience) Oui. (elle ouvre l'enveloppe)

Elle : C'est une invitation...

Lui : La garce, elle m'invite à ses fiançailles !

Elle : Non, c'est une invitation pour une conférence...

Lui : Une conférence ??? Tu te fiches de moi ! Bon, tu te magnes, c'est quoi ce papier !?

Elle : Perversion narcissique : des soucis et des hommes, conférence d'Édith Mitchell avec la participation de Mathilde Bourgeon...

Lui : La pute !

Ah qu'est-ce qu'on est serré...

L'une : Ah ! Qu'est-ce-qu'on est serrées...

L'autre : Mais c'est absolument inconvenant de nous traiter de la sorte. Pour qui nous prend-on ? Je suis outrée par tant d'incivilités et de manque de respect, ma chère. Je propose de manifester dès à présent notre indignation.

L'une : Si au moins il y avait de la lumière... on verrait notre indignation. Pensez-vous qu'on puisse nous entendre sans nous voir ?

L'autre : L'indignation est comme la lumière, elle est en nous. Ouvrons l'œil tout rond et... mais qu'ouïs-je ? Entendez-vous ? Ne cédons pas à la panique, restons groupées, je pense que nous sommes repérées.

L'une : On ne peut que rester groupées par la force des choses... (chuchotant) comment savez-vous que nous sommes repérées ? Moi, j'entends toujours la même chose depuis le début... le pas mélancolique des promeneurs solitaires...

L'autre : Le pas de l'armée rouge vous voulez dire ? Nous sommes encerclées de toute part.

On nous a enfermées ici... je ne sais pour quelle raison ? Outrage suprême, les classes sociales ne semblent même pas avoir grâce aux yeux de nos ravisseurs. (se reprenant) Oh, mais je ne dis pas ça pour vous, vous semblez tout à fait convenable au demeurant.

L'une : Le pas de l'armée rouge ? Ciel... vous divaguez... vous voulez me faire peur c'est ça ?

L'autre : J'ai peur moi. Pas vous ? Nous sommes enfermées, dans le noir, serrées les unes contre les autres, sans savoir pourquoi. Rien, aucune information, aucun souvenir. J'ouvre les yeux, il n'y a que le noir, aucune lumière, aucune lueur d'espoir. Oui, je le répète, j'ai peur.

L'une : J'ai peur aussi mais non... non... je préfère ne pas céder à la panique... ce doit être une expérience, certes de mauvais goût, ou un canular... voilà c'est un canular, c'est ... (l'autre l'interrompt)

L'autre : C'est quoi qu'il en soit, un kidnapping ma chère. Nous sommes retenues ici contre notre consentement. Avez-vous donné votre accord pour vous retrouver enfermée dans le noir, entassée, comprimée ainsi ? Halte à l'oppression, j'appelle mes sœurs à la révolte !

L'une : (prise de panique) Un kidnapping... un kidnapping... mais... mais moi je ne suis personne pour être kidnappée... on kidnappe des gens célèbres, des gens fortunés... (presque hystérique et agressive) et vous avec vos grands mots comment voulez-vous qu'on se révolte !? On est là entassées les unes sur les autres, enfermées dans le noir avec pour seule compagnie le bruit des bottes. (silence oppressant) Vous sentez cette odeur ?

L'autre : Veuillez m'excuser... le stress génère chez moi quelques désagréments... telles que... celles-ci... de légères... totalement silencieuses... mais très odorantes... flatulences... totalement incontrôlables... j'en suis terriblement navrée.

L'une : Pouah quelle puanteur, c'est aussi costaud que du lisier de porc !

L'autre : (un temps) C'est un problème de colon... un problème de stagnation de certains aliments... cette odeur... d'œuf pourri... c'est du sulfure d'hydrogène. Oui, je vous le concède, c'est assez nauséabond. Excusez-moi mais dans ces conditions, il m'est assez difficile de serrer les fesses. Aussi, si l'incident est clos, je vous propose de nous serrer les coudes.

L'une : Tant que vous nous prenez pas sous votre aile. (un temps) Mais regardez, regardez, cette farce a assez duré. On est entassées là comme des poulettes de batterie, sans manger, sans boire, sans voir le jour, respirant à peine. Vous-même vous commencez à vous décomposer de l'intérieur. (on entend une sorte de trappe s'ouvrir et déverser quelque chose violemment. Cela fait un bruit épouvantable, l'espace se réduit encore, toutes s'affolent, il s'ensuit un mouvement de foule) Oh, mais qu'est-ce qui se passe ? J'ai peur, j'ai peur... aaaahhh je suis emportée, je ne sens plus le sol, le sool, le soool, j'ai l'impression que le sooool se dérobe... (le mouvement de foule s'arrête, toutes s'immobilisent à nouveau) c'est fini, ça s'arrête, enfin, ça s'arrête. (un temps) Beurk c'est mou... vous sentez, c'est mou, y a un truc mou là, en dessous de moi, je sens que je suis sur quelque-chose de mou (elle essaie de voir sur quoi elle se déplace) oh mais, mais, mais quelle horreur, oh non non non !

L'autre : Oh mais que se passe-t-il ? Qu'avez-vous fait ? Beurk... c'est vous qui avez fait ça ? Ohhh, je sers les dents... mais il fait si noir... je ne sais plus si j'ai les yeux ouverts... avez-vous les yeux ouverts ?

L'une : (hystérique) J'étais sur quelqu'un ! Vous m'entendez ! Je crois que c'était un corps tout mou,... mais c'est un enfer, laissez moi sortir, laissez moi sortir !!!!

L'autre : Mais reprenez-vous, je vous en prie ! Il nous est impossible de nous mouvoir ainsi contrites. Vous divaguez ma chère, vous divaguez !

L'une : Votre éloquence vous aveugle. On va tous crever, ça pue la mort et la résignation ici. Vous me parlez de votre puanteur sans pudeur, parce que... parce que... parce que vous revêtissez déjà, petit à petit, l'habit du macchabée.

L'autre : Je suis plus modérée et plus lucide que vous ne l'êtes. (un temps) Peut-être sommes-nous déjà mortes ?

L'une : La mort devrait être plus douce vous ne croyez pas ? (long silence) Alors c'est cela notre fin, l'histoire se termine comme ça ? Kidnappées, séquestrées, anesthésiées... et dans ce moment bref de lucidité, être torturées par la peur et la douleur... (long silence) en voyant la fin si proche, je me rends compte à quel point j'aimais la vie.

L'autre : On va tous crever, on va tous crever... j'ai peur, je me chie dessus... et on va toutes finir gazées par ma faute !!

L'une : Ah ça tourne, je ne vais pas bien, j'ai des hauts le cœur, je sens que je vais vomir. (à nouveau, on entend la trappe s'ouvrir et déverser violemment quelque chose. Un nouveau mouvement de foule s'ensuit) Oh non?! Pas encore, je suis emportée, aaaaah, je ne touche plus terre... je ne touche plus le sol... aaaaaah... mais... (un temps) ça se calme, voilà on dirait que ça se calme... je touche le sol, voilà... mais... c'est... c'est mou, encore mou, toujours mou... c'est horrible, mais qu'est ce que c'est ? Mais répondez moi ! Eh oh, vous ! Répondez-moi ? Qu'est-ce que c'est ? Vous croyez que c'est vraiment... pour vous aussi c'est pareil ? Éh vous ? Vous ne me répondez plus ? Vous êtes là ? Vous êtes... là ? Vous...

Qui saura ?

L'un : Qui saura ?

L'autre : Vous verrez bien, laissez-leur une chance.

L'un : Bonté divine ! Il n'est pas de mon devoir, ou de mon pouvoir, de leur laisser une chance. Qu'y puis-je moi ici-bas ? Et qui suis-je pour les juger ? (levant le doigt en l'air) LUI, seul, saura.

L'autre : (levant les yeux au ciel) Pour l'instant, on ne peut pas trop compter sur LUI. Il faut agir vite !

L'un : Ahhhh, que dites-vous ?!? Comment avez-vous pu ? IL ne peut être tenu responsable de ce genre de situation. IL est le tout-puissant mais pas... pas... gardien de zoo ! Foutaises et fariboles, quelle fielleuse facétie fit des fous d'eux ? Flûtes à bec, je suis furibond !

L'autre : Tout doux l'ami. Il serait de bon ton de rester maître de ses émotions dans un pareil moment.

L'un : Tout doux l'ami... mais mon cher nous n'avons pas élevé les cochons ensemble que je sache. Pensez-vous à ces pauvres brebis égarées, apeurées, isolées, tourmentées, pourchassées et... abandonnées, oui abandonnées... tant pis s'il faut payer.

L'autre : Vivre, c'est partager, jamais abandonner. Ils sauront ! Et en effet, nous ne sommes pas copains comme cochons, grand bien nous fasse. Mais avouez que votre point de vue et votre emportement vous résignent à une certaine brutalité.

L'un : Je ne suis guère enclin à la brutalité. Ma condition ne saurait l'accepter. Fichtre ! Toutefois la colère m'envahit. Nous avons failli. Nous n'avons su guider leurs pas sur les traces de notre Créateur. Aujourd'hui, ils sont perdus et la culpabilité m'envahit... la miséricorde au cou ! Voilà ce qui nous attend !

L'autre : Les traces de notre Créateur ? Où voyez-vous ses traces vous !? Et pour ma part, je n'ai failli en rien. Alors au diable votre sacro-saint-pilier de la culpabilité ! Vous et votre tête de breloque ressemblaient davantage à un traqueur pisteur. Tant mieux si vous n'avez pas su les guider. Grand bien leur fasse !!!

L'un : Blasphème ! Vous blasphémez !! Vous rendez-vous compte qu'ils seront doublement perdus alors, ici et au-delà. (se signant de la croix) C'est une ignominie maximale que cette perdition absolue... qui l'eût cru dis-donc, doux dieu divin ?

L'autre : Ils n'avaient pas l'air malheureux... apeurés certes, mais pas malheureux... et encore moins perdus, contrairement à vous. (un temps) C'est vous le blasphème en quelque sorte, vous êtes la pire chose qui puisse arriver à la vie. Vous transpirez la peur et la folie. L'ignominie, c'est vous. J'ai de la peine pour vous, vous êtes seul sur votre chemin.

L'un : Mais mon chemin est la voie à suivre, la voie qui mène à Dieu, la seule et unique voie... j'ai de la peine pour ceux qui s'en éloignent. Écouter ma voix, elle est sagesse. Ma voix vous guide sur la bonne voie ma foi, vous voyez ?

L'autre : (son attention se détourne de lui, il regarde le sol) Regardez, regardez, l'eau arrive. Elle est montée jusqu'ici. On sera vite cerné. L'eau arrive... les crocodiles ne vont pas tarder, ce n'est plus qu'une question de temps.

L'un : Voilà ! C'est l'apocalypse !

L'apocalypse vous m'entendez ?! Nous sommes perdus ! De votre faute, tout ça est de votre faute !! Vous êtes le diable...

L'autre : Le diable est en chacun de nous, nous sommes notre propre ennemi. Vous êtes pitoyable mon pauvre. Alors, que décidez-vous, il reste très peu de temps ? Écoutez ce silence pesant, les autres ont su...

L'un : Oui... je le sens... ils seront sur nous dans peu de temps. Adieu mon ami. Votre concupiscence sera votre révérence. Adieu. (il ne bouge pas, ferme les yeux)

L'autre : (un temps) Vous allez vraiment rester planter là, les yeux fermés ?

L'un : (sortant de sa concentration et d'un air menaçant) Je tente de vous sauver... de vous sauver, vous, et les autres comme vous, alors fermez-la !

L'autre : (perdant son calme) Me sauver moi ? Me sauver moi !? Mais pauvre bougre, je suis enterré dans ce jardin depuis 35 ans...

L'un : Oh, mais vous ne faites décidément aucun effort ! Je sens en vous, comme une espèce de résignation... mais mon cher, c'est l'éternité qui vous attend, vous entendez ? L'éternité.

L'autre : (perdant totalement son sang froid) Oui justement parlons-en de l'éternité, hein ! Car c'est pas en me flanquant des tarés comme vous que je vais pouvoir gagner ma place dans l'É-ter-ni-té ! Alors oui, c'est vrai, d'accord, j'ai tué ma femme... mais quand même, quand même ! Je veux pas dire mais elle l'avait quand même mérité un peu cette garce ! Maintenant, ça fait 35 ans, 35 ans, 35 années que je dois me coltiner idiots, débiles, branques, illuminés et psychopathes pour gagner ma place dans l'É-ter-ni-té. Je n'en peux plus, je n'en peux plus, d'œuvrer pour que ces guignols retrouvent la lumière. Alors tant pis, tant pis si je repars pour 35 ans, mais là j'ai juste une envie : c'est que les eaux vous emportent, que les crocodiles vous dévorent, que vous hurliez de douleur et de peur. Je n'en peux plus, je n'en peux plus de gens comme vous ! Je suis à bout ! (il crie d'exaspération, puis tente de retrouver son calme à nouveau, changement de ton) Écoutez, (il inspire et expire exagérément plusieurs fois), il ne vous reste plus que quelques minutes, (il inspire, expire) les crocodiles vont arriver et bien que je vous ai exagérément fait part de mon fantasme (inspire, expire plusieurs fois de suite très rapidement) évidemment, je ne le souhaite pas, (il inspire, expire puis solennel) comprenez bien cela, c'est votre dernière chance, toute dernière chance...

L'un : Désolé, sincèrement désolé mais je pense que je ne peux rien faire pour vous. Ni moi, ni aucun autre après moi. Vous êtes... vous êtes une cause perdue... (un temps, le regarde fixement) Allez au diable !

L'autre : J'ai fait mon devoir, j'ai essayé de vous sauver. (la lumière s'assombrit, une ombre menaçante apparaît) Vas-y Titus, bouffe-le ! Fais-en d'la charpie de celui-là ! (s'adressant au ciel) Pardonnez-moi mon enthousiasme, il m'a vraiment poussé à bout celui-là...

Y'a d'la Rumba dans l'air

Lui : Y'a d'la rumba dans l'air.

Elle : D'humeur nostalgique mon coco ?

Lui : Tu prends ça à la plaisanterie !? Tu te rends pas compte de la situation je pense, ma cocotte !

Elle : Non, enfin pas comme toi...

Lui : Donc tu ne te rends pas compte... si nous ne sommes pas pleinement maîtres de la situation et de nos émotions, nous courons vers un cataclysme sans précédent ! Il ne faut pas que la situation nous échappe sinon c'est pas la lambada qu'on va danser ce soir, ça va être rock'n'roll !

Elle : T'as toujours été un anxieux. Tu tiens ça de ta mère, c'est de famille.

Lui : Laisse maman en dehors de ça, c'est déjà suffisamment compliqué comme ça. Et pour te prouver le contraire, je te propose de... danser.

Elle : (il la saisit par la taille et la fait tourner, elle rit) Ouf t'es pas encore totalement branché sur "radio nostalgie".

Lui : Tais-toi et fais semblant de rien, les voisines nous regardent... je tente de faire diversion, alors calme-toi et aide-moi un peu tu veux. L'heure n'est pas à la gaudriole, diantre.

Elle : Ces vieilles perruches !? Elles ont les yeux rivés sur leur vermouth... (elle les observe) elles n'ont pas l'air d'être inquiètes, elles !

Lui : Parce qu'elles ont des cerveaux de perruches... regarde-les... quelles magnifiques têtes de cons quand même... arrête de les regarder comme ça, elles vont penser qu'on les apprécie... et si elles nous invitent à partager un petit vermouth, alors là, mais alors là...

Elle : On y va !!? Ça fait tellement longtemps le vermouth...

Lui : Mais tu crois qu'on a rien de mieux à faire ? Tu as oublié ?

Elle : Mais non j'ai pas oublié... mais un petit verre de vermouth en passant ça peut pas faire de mal... allez, un petit remontant pour nous détendre...

Lui : Ahhhh, mais tu veux me corrompre ! La chaire est faible et l'homme trop sensible... ne nous dispersons pas, nous avons tant à faire ! Tu as les pétards ?

Elle : (cri étouffé d'énervement) Ahhhh oui je les ai ! Bien sûr je les ai... j'ai les chocottes Fernand, tu comprends ? Je flippe complètement. S'il te plaît, laisse-moi prendre un vermouth... cul sec, circulez y'a rien à voir... et que je me sente comme un soir de Macumba.

Lui : Mais va te prendre ton vermouth, tête de perruche ! Mais je te préviens que tu as intérêt à assurer ce soir ! Et surtout dépêche-toi, il ne nous reste pas beaucoup de temps avant qu'ils arrivent !

Elle : C'est moi que t'appelles tête de perruche, tête de con ? Si tu veux pas que ça foire, va falloir y mettre du tien, Fernand tête de gland ! Tu sais très bien qu'il faut pas me titiller à jeun !!

Lui : Oh, elle va clouer son bec la perruche ! Sers-toi un verre avant que je ne te vole dans les plumes...

Elle : Tu te mets au champ sémantique mon

Fernand ? Laisse ça aux intellos, t'as jamais su faire une phrase sans y flanquer un nom d'oiseau. Alors au lieu de passer ton temps à glousser comme un dindon, n'oublie pas que je suis ta seule alliée dans cette histoire.

Lui : Va terminer les préparatifs au lieu de jacasser, l'heure tourne et ils peuvent arriver d'une minute à l'autre. Et je n'aime pas être pris au dépourvu !!

Elle : Hors de question si tu ne changes pas de ton avec moi !

Lui : Magne-toi ou je te tue, morue !

Elle : Vieil acariâtre! J'te préfère quand t'es dilué dans la bibine, au moins t'arrêtes de causer !

Lui : (lève la main, menaçant puis s'arrête net) Bon, on va se calmer. On a pensé à tout, tout planifié… depuis le temps qu'on la prépare cette embuscade… à leur arrivée, tu sors les pétards, tu fais tout péter, moi, je mets la musique à fond, bref, d'emblée, on leur fait un effet bœuf, la surprise de leur vie ! Mais il faut que tu te détendes, tu me stresses.

Elle : Rooo Fernand ce que tu m'excites

quand tu penses ! On va leur envoyer d'la béchamel à tout c'gratin, le tout flambé au vermouth !

Lui : Tu l'as dit bouffi ! Mais faut pas se rater... on n'a qu'une seule chance de faire une bonne première impression ! C'est pas tous les jours que notre fils, notre bébé, nous présente sa belle-famille...

On a soif

Elle : On a soif !

Lui : Quoi ?

Elle : On a soif, tu peux me passer l'eau s'il te plaît Julien, euh... Sylvain.

Lui : Julien ?

Elle : Mais non pas Julien, SYL-VAIN ! Bon, tu peux me passer de l'eau S'IL-TE-PLAIT.

Lui : (se contenant, lui passe l'eau) Il venait du cœur ce Julien.

Elle : Mais non...

Lui : (feignant de rire de la situation) Moi, c'est Sylvain, tu sais, ton mari.

Elle : Oui, Sylvain, s'il te plaît ne commence pas... je me suis trompée c'est tout. C'est mon assistant Julien, tu le sais bien. Je prononce son nom 50 fois par jour. Je t'ai demandé "passe moi l'eau", comme je demande "apporte-moi un café Julien"... (un temps) et tu risques rien, tu sais... il est d'un laid !

Lui : Ah, content de l'apprendre. Soulagé par contre, je ne sais pas.

Elle : C'est-à-dire ?

Lui : Si c'était un canon, tu lui aurais fait le coup de la photocopieuse ?

Elle : Sylvain ! Mais arrête, tu deviens ridicule.

Lui : Mouais...

Elle : (voulant apaiser les choses) Sylvain, je n'ai jamais eu de rêve de photocopieuse. Et si un jour l'idée me venait, c'est avec toi que je ferais des photocopies.

Lui : (un temps) Et qu'est-ce que tu racontes ? Il est pas si laid Julien... quand même, tu exagères, je trouve.

Elle : Si, il est laid. Y'a un truc chez lui qui fait, euh, qu'on dirait qu'il est pas fini.

Lui : Mais arrête d'être si méchante ! Il a son style bien à lui, c'est tout. Et toi, tu t'es regardée dans le miroir dernièrement ? Parce que franchement, avec l'âge, tu es plus proche du boudin que du bon vin...

Elle : Non mais ça va pas ou quoi ? Pourquoi tu deviens si désagréable. Qu'est-ce-qui t'arrive ? La crise de jalousie, le dénigrement, c'est la cinquantaine c'est ça ? Tu vas bientôt t'acheter une Porsche ?

Lui : Oh mais tu délires ou quoi ?! J'ai pas les moyens pour la Porsche... mais c'est toi, tu m'as gonflé : tu me confonds avec ton collègue, tu es méchante avec lui, tu deviens détestable et en plus... de mauvaise foi ! Et ma cinquantaine me convient très bien, à moi.

Elle : J'ai confondu les prénoms, Julien Sylvain, Sylvain Julien, d'accord ! Et t'en fais tout un plat... non mais on navigue en plein délire, et en plus, c'est moi la méchante ! C'est pas toi qui adore donner des surnoms à tes collègues ? Ptit cochon, la grosse, pois chiche, playmobil... et puis Julien, tu m'as même dit que quelque chose chez lui te mettait mal à l'aise...

Lui : Les petits surnoms que je donne sont affectueux. Il n'y a pas de méchanceté en moi, je te la laisse la méchanceté, elle te sied tellement. Je dirais même qu'elle s'incarne en toi.

Elle : Tu peux arrêter de me parler comme si t'écrivais un livre à chaque fois. Je suis devenue ton mauvais objet c'est ça ? (le singeant) "La méchanceté te sied tellement, elle s'incarne en toi". Non mais ça va pas mon gars, va voir un psy ! Si je trouve l'autre laid, c'est comme ça, il est laid, laid, laid ! Gentil mais laid !

Lui : (se fâche) Mais de quel droit tu te permets de juger physiquement les autres !?

Sylvain a un charme... particulier... (se reprend) mais je crois qu'on a fait le tour de la question. On en reparlera en temps et en heure à un moment plus propice. Ce n'est ni le lieu, ni le moment.

Elle : Attend... tu as dit charmant ? C'est bien ce que tu as dit ? Charmant ! J'en reviens pas... depuis quand tu trouves charmant l'homosexualité toi ?

Lui : Mais... mais... ah ? (minaudant) Julien est homosexuel...? Je.. je.. mais ça n'a rien à voir... qu'est-ce que tu veux dire ? Je n'ai jamais été homophobe non plus...

Elle : T'as jamais eu un humour Gay Funny non plus. Ceci dit, il est pas vraiment gay, enfin si, bref, il est ouvert à tout. Pansexuel c'est comme ça qu'il se définit. J'ai pas trop saisi le truc, en gros t'es un bisexuel mais ouvert à toutes les tendances. Une sorte de flower power du sexe et de l'esprit. Mais tu le sais tout ça, c'est le seul truc qui te faisait venir aux fêtes de l'amicale. Tu trouvais ça hilarant, la tafiole et ses manières, la tarlouze au jean moulant, la tantouze qui sent le patchouli... mais charmant, elle est bonne celle-là !

Lui: Tu n'as rien compris... jamais. C'est son arrogante décontraction homosexuelle qui m'intriguait. Comment pouvait-il aussi bien vivre avec ce que le commun des mortels, depuis si longtemps, considérait comme une tare, une maladie ? Il m'intriguait à être aussi à l'aise avec ce qu'il était, ce qu'il ressentait au fond de lui. (un temps) Ce que je ressentais aussi. (un temps) Et que je ne pouvais, je n'osais pas avouer. Quelle audace, quel courage ! Cette force qui émanait de lui ! Oui, je voulais le voir. Je voulais comprendre. Je voulais qu'il me guide... qu'il m'aide. Aujourd'hui je sais. Je n'ai plus besoin de me cacher, de me voiler la face. Je n'ai plus besoin d'alibi. En fait, j'ai besoin de lui... (un temps) et je n'ai plus besoin de toi.

C'est bon pour le moral

Machin : C'est bon pour le moral !

Truc bidule : Absolument ! Ça fait du bien de se faire du bien quand même... tu te rends compte, dans ce monde où tout va à vau l'eau, quand même réussir à prendre un peu de plaisir... bah quand même oui, ça fait du bien à son cœur. (un temps) Tu peux me passer les cornichons ?

Machin : Ah, ils sont bons hein, mes cornichons... cuvée 2020... les joies du potager... y'a qu'ça d'vrai ! (un temps) Et dire qu'on doit se cacher maintenant pour partager une rondelle de saucisson... qui l'eut cru, hein Roger ?!

Truc bidule : Ah tu t'es mis à potager ? Moi aussi je potageais avant... mais avec mon dos, mon dieu, ça n'est plus possible. Alors je mange ce que les autres potagent... quand ils partagent... parce que, attention, c'est pas avec tout le monde qu'on se partage le saucisson de nos jours ! Tout le monde se méfie de tout le monde et tout le monde mange son saucisson tout seul. Tu sais,

Alphonse... c'est bien triste cette époque, bien triste...

Machin : Comment faire autrement dis-moi ? Quand tout l'monde peut t'refiler l'bazar ! Même le saucisson partagé en cachette prend le goût du gel hydroalcoolique...

Truc bidule : Ah bon ?! Je le trouve bon ton saucisson... par contre, le gel hydroalcoolique c'est pas bon du tout, mais alors pas du tout... je préfère une tit' mirabelle, ça c'est bien bon, et ça fait du bien par où ça passe. T'aurais pas un ptit digeo pour accompagner tout ça ?!

Machin : Attends, j'ai pensé à tout... j'ai même des petites bulles avec de vraies coupettes... t'approche pas trop, on ne sait jamais ! J'ai pas envie d'attraper le coronororavirus. Tu sais, je me demande si je vais réussir à me réadapter à la vie d'avant... avant... j'étais différent... aujourd'hui je me sens lourd... et ce n'est pas à cause du saucisson... tu sais un peu comme ces prisonniers qui attendent la quille et une fois dehors ils sont paumés...

Truc bidule : Oui moi aussi je suis souvent ballonné en ce moment... ça doit être l'alcool... qu'est-ce que je picole ! Avec tous ces confinements... et toujours les mêmes bêtises à la télé ! Alors qu'est-ce que tu veux faire d'autre à part picorer et picoler ? Le confinement, c'est l'ennemi numéro un de mon transit ! Mais t'as raison Alfred, comme des prisonniers qu'on est... avec la picole et le saucisson en plus...

Machin : J'ai dû me mettre aux réseaux avec c'te connerie Jean... zoom, mikogo, citrix, go to meeting, fast viewer, webmex meetings, whereby, jitsi meet... meetic, badoo, tinder, attractive love, e-darling... vas-y, remets-moi un coup de rouge.

Truc bidule : Ah, you speak Angliche maintenant !? Mais ça te sert à quoi ? Me dis pas que tu veux faire des rencontres coquines mon cochon ?

Machin : Ça tape sur le système la solitude. J'ai pas comme toi, une drôlesse à temps complet. Je voulais la rompre c'te solitude et qui sait, trouver une Belle à temps complet à la maison... ben figure-toi que j'en ai vu des vertes et des pas mûres...

Truc bidule : Ohhh, t'es un sacré toi ! Bah et alors Julot, raconte-moi, t'as réussi à attraper quelque chose dans ta besace ?

Machin : Ben justement c'est ça le problème Léon... elles mordent toutes à l'hameçon ces morues ! C'est l'attaque des piranhas... je ne savais plus où donner de la tête... de la petite pêche en bord de mer, me suis retrouvé à la boucherie...

Truc bidule : Non mais j'en crois pas mes oreilles... c'est pourtant pas avec ton physique de dieu grec et le ver de terre que tu as entre les jambes que tu peux pêcher... pécho, comme disent les jeunes... nan, j'te crois pas... au mieux la Maryse, qui a jamais été très regardante sur la marchandise et l'hygiène... mais franchement Marcel, à part elle, j'vois pas... t'as quand même jamais été un franc-tireur... plutôt un tire-au-flanc...

Machin : Ben quelle mouche te pique Michel ? La Maryse, elle avait pas l'air de dire que t'étais un étalon non plus ! De toute façon, ça ne m'intéresse plus. Suis écœuré jusqu'à la fin de mes jours. Mon ver de terre, comme tu dis, va tranquillement se détendre en solitaire maintenant. J'étais en manque de connexion mais je n'en veux plus de cet étalage virtuel. Ça m'a rendu marteau, déglingo c't'affaire. L'embarras du choix ! Un coup d'balayette avec l'index et tu choisis la prochaine à tchatter... techa comme disent les jeunes... au début c'est bien, tu te sens quelqu'un ! Et puis ça m'a rendu accroc... un frénétique de la notif', de la visite, du like, du coup de cœur. Je ne me levais que pour ça, même la nuit j'laissais le volume. J'avais même un panic buttom pour pas me faire prendre par la Maryse quand elle venait chercher des patates... mais après lui avoir refilé une IST, elle m'a dit qu'j'étais devenu un vieux porc... mais la Maryse, ben j'l'aimais bien en fait. Et après...? Ben tu te retrouves seul comme une loque dans ton canap', avec le téléphone dans une main et ta télécommande dans l'autre...

Truc bidule : Oh la, mais je voulais pas te vexer... je savais pas tout ça... je pensais pas qu'on pouvait sombrer à ce point à juste vouloir dégourdir son ver de terre... mais surtout ce que je comprends pas, c'est que, avant le confinement, t'étais déjà un féru de la télécommande et du canapé... si tu me permets mon Polo, tu crois pas que t'étais déjà une loque, et que tout ça, tous ces efforts à jouer les coureurs sur le net, à juste confirmé que l'effort, la course à pied et tout le tralala... bah c'est pas ton truc...? Ce que tu aimes, toi, c'est la tranquillité, le pinard et la bonne bouffe... c'est pas de ta faute mais c'est que, les filles, c'est fatiguant non ?

Machin : T'as raison Jean-Marie, vas-y remets-moi un ptit coup de rouge. (il boit cul-sec) Vas-y, encore un ptit coup de rouge. Ah, ça fait du bien de s'faire du bien quand même. T'as pas envie de faire un concours de pets Raymond ? Comme au bon vieux temps.

Truc bidule : Non mais t'es pas bien ?! Tu perds la tête mon pauvre Jean-Claude... je t'ai dit que j'avais de gros problèmes de transit avec tout ce que je m'empiffre... tu risques ta peau mon Claudo ! Non, non, n'insiste pas... je peux pas jouer, je risque de foutre le feu à mon froque... et à ta chaise... malheureux, inconscient, t'as pas le niveau, tu manges des légumes bios...

Je suis venu te dire que je m'en vais

L'un : Je suis venu te dire que je m'en vais.

L'autre : Alors ça y est, c'est décidé... tu pars faire des ateliers de pâte à sel en Mongolie ?

L'un : Mais oui ! C'est mon truc, je suis fait pour ça ! La simplicité, les grands espaces, la fraîcheur, la nature... oui, le naturel m'appelle... adieu, les contraintes, la pollution... adieu, adieu... toi...

L'autre : T'as pas besoin de faire 7100 km pour vivre en toute simplicité, dans de grands espaces naturels... en plus sortir des frontières françaises t'a toujours angoissé... tu veux te prouver quelque chose ?

L'un : C'est devenu vital. J'ai besoin de retrouver... la vérité... l'important, l'essentiel... l'essence et le sens, tu vois ?

L'autre : Non pas vraiment.

L'un : Putain mais tu comprends rien ! Je m'emmerde. J'en peux plus de cette vie de merde... ça sert à rien tout ça. On s'fait chier comme des cons dans des boulots de merde pour s'acheter des choses de merde pour remplir nos vies de merde. J'en peux plus, bordel !

L'autre : Et donc tu pars faire des ateliers de pâte à sel en Mongolie... non mais sérieusement Patrick, tu t'attends à quoi là-bas ? À la montée de kundalini ?

L'un : La quoi ?! Mais tu délires, tu vois pas qu'on s'encroûte frérot ? Viens avec moi, on part à l'aventure, on largue tout et on voit où le vent nous mène ! Kundabazar ou Mongolie, on s'en fout, le plus dur c'est le premier pas. Alors, on y va ?

L'autre : Non ! Je me sens bien dans ma vie. Je n'ai jamais été aussi bien d'ailleurs. J'ai pas cette lassitude existentielle. Je suis désolé, "frérot", c'est pas mon problème ! C'est le tien. (un temps) Non mais franchement... des ateliers de pâte à sel ?! En Mongolie en plus ! Fuir je ne sais quoi pour " t'encroûter" dans la farine... tu devrais plutôt la sniffer...

L'un : Oui pourquoi pas ! Tu sais, on n'est pas éternel. Je n'ai pas l'intention de m'encroûter, ni ici, ni en Mongolie. Je ne vais pas philosopher avec toi sur le sens de la vie. Il y a tellement de choses à faire et on trouve tellement de raisons de ne pas les faire... j'ai décidé de perdre la raison. Je te la laisse, puisqu'elle te semble si confortable...

L'autre : Dis, tu ferais pas une dépression toi ? C'est le mal du siècle paraît-il ? Ça tombe comme ça. Bam, bam, bam... c'est arrivé au mari de la cousine de la voisine. Tout allait comme sur des roulettes pour lui. 50 ans, grosse fiesta, la famille, les amis... le lendemain, pas moyen pour lui de se lever... ni les jours suivants d'ailleurs. C'est les cachetons qui le font remonter à la surface. Tiens d'ailleurs (il cherche quelque chose dans ses poches), attends (il cherche) j'en ai toujours sur moi... avec la crise, les affaires sont fragiles... ah... tiens prend un lexo... tu verras... la détente assurée... tu vas planer...

L'un : Laisse tomber. Tu es trop con et trop ancré dans ton lexomil quotidien pépère pour comprendre. J'étais à un enterrement ce matin. Le père de Christophe. 81 ans, un âge normal pour mourir non ? Donc au mieux qu'est-ce qu'il me reste ? 30, 40 ans ? Tu me proposes quoi avec ton lexomil ? De tuer le temps ? J'ai envie de vivre maintenant mec. Je suis bien dans ma tête, mon corps fonctionne encore correctement. C'est maintenant ou jamais je pense. C'est pas une crise de la cinquantaine, c'est une crise existentielle... je te laisse avec ton lexomil et tes pantoufles. J'ai un juste et grand besoin de vie.

L'autre : Alors d'accord, tu ne fais pas de dépression et tu me prends pour le stéréotype du vieux con en fin de vie. Mais je t'emmerde moi aussi ! Tu crois qu'à l'approche de la cinquantaine, il n'y a que toi pour t'interroger sur notre place dans l'existence. Chacun fait comme il peut et souvent avec pudeur, silence et humilité. Va vivre ton trip de petit occidental bouffi d'orgueil et faiseur de leçons, dans tes grands espaces verts. Mais au final, je ne suis pas si sûr que tu "tripperas"... t'essaies juste d'échapper à l'idée de mourir un jour...

L'un : Putain mais c'est justement parce que je sais que je vais mourir que je veux vivre ! Vivre maintenant, avant qu'il ne soit trop tard. Je te proposais juste de te réveiller. Tu préfères ton lexomil, reste avec ton lexomil. Faut que tu sois acteur de ta vie frérot, pas une victime. Je te laisse à ta décision, si tu changes d'avis, appelle-moi. Je ne veux plus de ça, plus de tout ça. J'étouffe.

L'autre : Alors va prendre ton air, et va donner des leçons de vie ailleurs ! C'est être entouré de gens comme toi, d'être obligé de composer ma vie avec des gens comme toi, que je me sens bouffé dans mon espace vital. Sous prétexte que t'as pas rempli quelques items des 100 choses à faire avant de mourir que te propose google, t'as raté ta vie, tu dors, tu meurs tu te momifies... et puis... t'es qui pour juger la vie que je vis ? T'es qui ? Mais merci, merci pour ce dernier échange, je me rends compte en effet qu'il y a des choses à changer : c'est de m'éloigner des bouffeurs d'énergie, des gourous de l'être, des électrons anxiogènes... sans doute je gagnerais en épaisseur et je prendrais moins de lexo si ça se trouve... allez bon vent et que le vent t'emporte loin.

L'un : Mais merde ! Tu sais que je peux rien faire sans toi ! Si tu restes, j'ai pas d'autre choix que de rester. Putain, fais chier d'être né siamois avec un con !

(Conclusion inspirée de la vie de Chang et Eng Bunker, 1811-1874)

En bonus... pour le plaisir, ou pas...

Le Youki

Lui : Il est à qui, hein ? Le Youki...

Elle : Vous ne devez pas prononcer son nom...

Lui : Hein ? A qui hein, à qui ?

Elle : Vous n'avez pas l'air de bien saisir...

Lui : Effectivement... mais... ça devient gênant...

Elle : Faut pas. On vous demande juste de ne pas prononcer son nom.

Lui : Oui mais dites-moi comment faire dans ce cas ?

Elle : Eh oh, allongez-vous sur le divan pendant que vous y êtes ! Non mais c'est fatiguant tous ces gens qui cherchent la facilité. Je ne suis pas Madame Soleil moi ! Je n'ai que faire de vos tracas. Vous finirez bien par trouver vous-même.

Lui : Ah mais là, cela devient fâcheux. Je n'ai pas, contrairement à ce que vous semblez penser, de solution immédiate à mon problème. La seule qui me vient serait violente et je ne voudrais pas en arriver là.

Elle : Ça ne m'étonne pas. Tous ceux qui transitent ici sont dans le même état que vous. Sans solution immédiate ils deviennent haineux. Mais bon sang d'bon soir, soyez un peu plus couillu mon vieux.

Lui : Dois-je comprendre que vous m'encouragez à la violence ? Vous vous rendez compte qu'il risque d'y avoir une victime immédiate à cela ?

Elle : Sont-ce des menaces ? Me contraignez-vous à la culpabilité et à la peur ? J'en ai fait mon sacerdoce de types comme vous, des acharnés acharneurs qui allument des bûchers à la moindre contradiction.

Lui : Mais je vous assure qu'il y a urgence à intervenir ! Pouvez-vous juste m'indiquer la personne à contacter pour empêcher celui dont on ne peut évoquer le nom à procéder de la sorte ?

Elle : Je vous vois venir avec vos grosses

pattes, vous essayez de m'amadouer, de me donner du su-sucre avec la bou-bouche. Et d'abord pourquoi êtes-vous venu ici ? Si ce n'est pour troubler le repos du... (elle s'interrompt brutalement) oh mon Dieu, j'ai failli prononcer son nom ! Je suis la gardienne des mémoires, moi Monsieur. On ne badine pas, Monsieur, avec ceux qui aiment regarder la que-queue qui remue. C'est un sujet sérieux, vous risquez de déstabiliser la personne à contacter, on risque gros.

Lui : Mais... vous êtes sûre Madame la concierge qu'on ne peut rien faire prestement ? Sans vouloir vous offenser, ne devriez-vous pas vous asseoir sur ce divan que vous m'avez vous-même proposé ? Je suis à présent tout à fait déstabilisé et ne vais pas tarder à être complètement souillé par cette chose dont on ne peut citer le nom mais qui commence sérieusement à s'ébranler. Pouvons-nous donc contacter la personne à contacter ?

Elle : Il n y a personne à contacter Monsieur, les... comment dire, "youyou", si vous voyez ce que je veux dire, ou les "kiki", sont pour ainsi dire... identiques... c'est fou mais c'est comme ça. (elle jette un coup d'œil aux alentours) Ici, les vieilles filles, les grosses, les vieilles, les vieilles grosses et même les vieilles filles grosses, ont toutes un "youyou", ou un "kiki", si vous voyez ce que je veux dire. Je m'embrouille moi-même, elles les ont toutes choisis identiques, toutes appelés du même patronyme. Ce serait un pugilat Monsieur, croyez-moi, un pugilat de vieilles bonnes grosses chieuses en manque de saillies que de s'occuper des affaires du "youyou" ou du "kiki"... c'est la 4ème dimension ici !!! Savoir c'est qui le vilain kiki qui a laissé des bouts de caca, c'est l'étincelle aux poudres, c'est Waterloo. Laissez-lui faire son affaire et rentrez chez vous, c'est mieux pour tout le monde.

Lui : Mais vous vous rendez compte de ce que vous me demandez ?! Au nom de la solidarité féminine... vous voulez que je laisse cette... chose... ainsi...?

Elle : Pas solidarité Monsieur mais équilibre. (un temps, elle le regarde) C'est son petit plaisir, il décharge la pression, soyez compréhensif Monsieur.

Lui : Mais madame, équilibrons ! Il se frotte, il se frotte !! Prêtez-lui votre jambe, pardi ! (il repousse violemment le chien et hurle) Sale bête !

(on voit la gardienne se décomposer. On entend des portes s'ouvrir et des hurlements de bonnes femmes en colère)

Voix off : Il est à qui hein, ce Youki ?!!

Tables des matières

Préface	1
L'amour c'est comme une cigarette	5
Le dernier slow	8
Vous qui passez sans me voir	12
Laisse béton	17
On n'est pas là pour se faire engueuler	23
Come prima	29
Zobi la mouche	35
Avant de nous dire adieu	39
Gaston y'a le telephon qui son	42
Laissons entrer le soleil	45
Mathilde est revenue	50
Ah qu'est-ce-qu'on est serré	55
Qui saura	61
Y'a d'la rumba dans l'air	67
On a soif	72
C'est bon pour le moral	77
Je suis venu te dire que je m'en vais	83
Le Youki	88
Table des matières	95

© 2021 Dupuis Coralie, Rohart Pascal
Édition : BoD – Books on Demand, 12/14 rond-point des Champs-Élysées, 75008 Paris
Impression : BoD - Books on Demand, Norderstedt, Allemagne
ISBN : 9782322394647
Dépôt légal : Août 2021

Couverture réalisée par Pascal Rohart, Mars 2021